"共和国脊梁"科学家绘本丛书

识得神州稻谷香

卢永根的故事

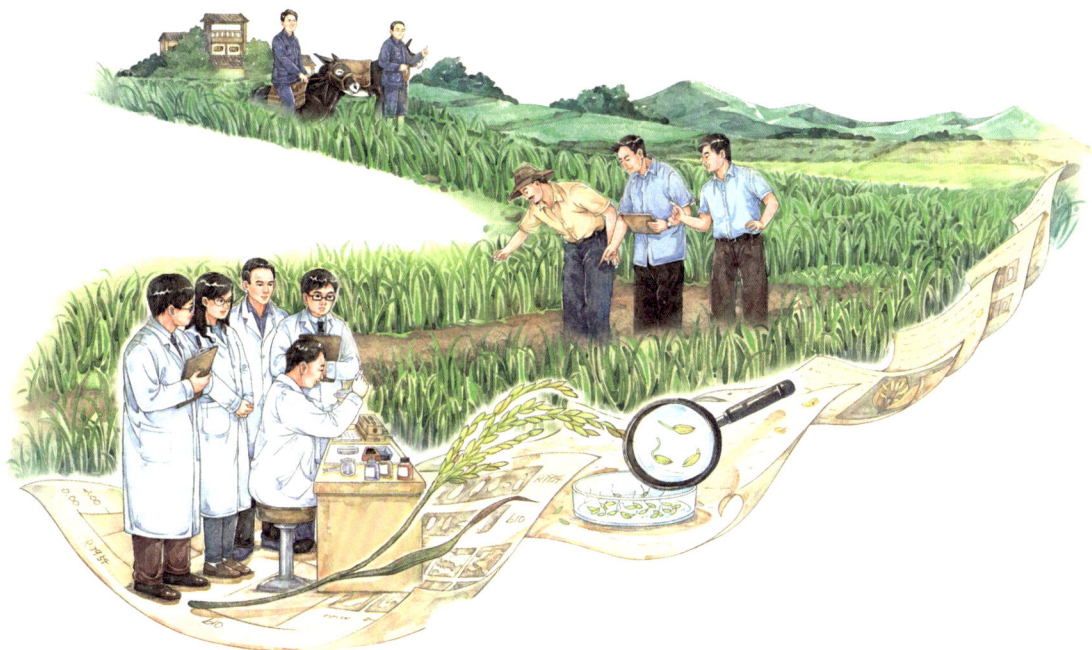

任福君 主编

王妍 著 刘玉卿 绘

北京出版集团

北京出版社

前　言

回首近代的中国，积贫积弱，战火不断，民生凋敝。今天的中国，繁荣昌盛，国泰民安，欣欣向荣。当我们在享受如今的太平盛世时，不应忘记那些曾为祖国奉献了毕生心血的中国科学家。他们对民族复兴的使命担当、对科技创新的执着追求，标刻了民族精神的时代高度，书写了科学精神的永恒意义。他们爱国报国、敬业奉献、无私无畏、追求真理、不怕失败，为祖国科学事业的繁荣昌盛，默默地、无私地奉献着，是当之无愧的共和国脊梁，应被我们铭记。

孩子是祖国的未来，更是新时代的接班人。今天，我们更应为孩子们多树立优秀榜样，中国科学家就是其中之一。向孩子们讲述中国科学家的故事，弘扬其百折不挠、勇于创新的精神，是我们打造"'共和国脊梁'科学家绘本丛书"的初衷，也是对中国科学家的致敬。

丛书依托于"老科学家学术成长资料采集工程"（以下简称"采集工程"）。这项规模宏大的工程启动于 2010 年，由中国科协联合中组部、教育部、科技部、工信部、财政部、原文化部、中国科学院、中国工程院等 11 个单位实施，目前已采集了 500 多位中国科学家的学术成长资料，积累了一大批实物和研究成果，被誉为"共和国科技史的活档案"。"采集工程"在社会上产生了广泛影响，但成果受众多为中学生及成人。

为了丰富"采集工程"成果的展现形式，并为年龄更小的孩子们提供优质的精神食粮，"采集工程"学术团队与北京出版集团共同策划了本套丛书。丛书由多位中国科学院院士、科学家家属、科学史研究者、绘本研究者等组成顾问委员会、编委会和审稿专家团队，共同为图书质量把关。丛书主要由"采集工程"学术团队的学者担任文字作者，并由新锐青年插画师绘图。2017 年 9 月启动"'共和国脊梁'科学家绘本丛书"创作工程，精心打磨，倾注了多方人员的大量心血。

丛书通过绘本这种生动有趣的形式，向孩子们展示中国科学家的风采。根据"采集工程"积累的大量资料，如照片、手稿、音视频、研究报告等，我们在尊重科学史实的基础上，用简单易懂的文字、精美的绘画，讲述中国科学家的探索故事。每一本都有其特色，极具原创性。

丛书出版后，获得科学家家属、科学史研究者、绘本研究者等专业人士的高度认可，得到社会各界的高度好评，并获得多个奖项。

丛书选取了不同领域的多位中国科学家。他们是中国科学家的典型代表，对中国现代科学发展贡献巨大，他们的故事应当广泛流传。

"'共和国脊梁'科学家绘本丛书"的出版对"采集工程"而言，是一次大胆而有益的尝试。如何用更好的方式讲述中国科学家故事、弘扬科学家精神，是我们一直在思考的问题。希望孩子们能从书中汲取些许养分，也希望家长、老师们能多向孩子们讲述科学家故事，传递科学家精神。

"'共和国脊梁'科学家绘本丛书"编委会

致 读 者 朋 友

亲爱的读者朋友，很高兴你能翻开这套讲述中国科学家故事的绘本丛书。这些科学家为中国科学事业的繁荣昌盛做出了巨大贡献，是我们所有人的榜样，更是我们人生的指路明灯。

讲述科学家的故事并不容易，尤其是涉及专业词汇，这会使故事读起来有一些难度。在阅读过程中，我们有以下3点建议希望能为你提供帮助：

1.为了让阅读过程更顺畅，我们对一些比较难懂的词汇进行了说明，可以按照注释序号翻至"词汇园地"查看。如果有些词汇仍然不好理解，小朋友可以向大朋友请教。

2.在正文后附有科学家小传和年谱，以帮助你更好地认识每一位科学家，了解其个人经历与科学贡献，还可以把它们当作线索，进一步查找更多相关资料。

3.每本书的封底附有两个二维码。一个二维码是绘本的音频故事，扫码即可收听有声故事；另一个二维码是中国科学家博物馆的链接。中国科学家博物馆是专门以科学家为主题的博物馆，收藏着大量中国科学家的相关资料，希望这些丰富的资料能拓宽你的视野，让你感受到中国科学家的风采。

1984年的一个夜晚，在华南农业大学红满堂①草坪上，
卢永根给学生们做了一场长达3小时的演讲，
题为"把青春献给社会主义祖国"。
据亲历者回忆，在那个漆黑的夜晚，
卢老师的话却像星光一样闪亮。

卢永根，1930年出生在香港的一个中产家庭，
家里有电话，出门有汽车，
生活条件很优越。
出生于被英国占领时期的香港，
从小接受良好教育的他，
有着一颗火热的中国心。

1941年，太平洋战争②爆发，日本侵略者占领了香港。

卢永根被父亲送回广东花县③老家避难，没想到这里也被铁蹄践踏。

战乱的残酷使卢永根意识到"覆巢之下，焉有完卵"④。

初中毕业后，卢永根在思想进步的老师的介绍下，
进入香港培侨中学学习。
这所中学是一所爱国的进步学校，爱国和民主思想活跃。
这里是卢永根走上革命道路的起点。

学校里经常有来自内地的进步人士，
他们在这里举办读书会、时事报告会等，
卢永根深受感染，也开始热衷投身各种进步活动，
并成长为一名坚定的革命者。

1947年，17岁的卢永根瞒着家人，

秘密加入中共地下党的外围组织"新民主主义青年同志会"，

不久当选为培侨中学学生自治会主席，带领同学们开展爱国民主进步活动。

1949年8月9日，卢永根在香港加入了中国共产党。

入党宣誓那一天，年轻的卢永根庄严地举起了右手，郑重地诵读入党誓词。

从此，8月9日成为卢永根的"政治生日"。

1949年8月，卢永根放弃了香港安逸的生活，告别了亲友，服从组织的安排，返回内地，以一名学生的身份，到岭南大学学习，并从事地下工作。

卢永根的很多亲人已经在美国定居，其中有他年迈的母亲。

在这种情况下，卢永根是有机会移民美国的，但他坚决拒绝了。

美国移民局的官员问他："你具备移民条件，为什么还要留在中国？"

卢永根有力地回复道："因为我是中国人，祖国需要我！"

1952年11月，全国学校院系调整，卢永根成为华南农学院大四的学生，
并与恩师丁颖⑤相遇。

1962年8月，丁颖选择卢永根作为他的科研助手，
由此卢永根跟随丁颖开始了在全国范围内对水稻品种和栽培技术的考察。

卢永根与丁颖一同奔赴全国各地，
考察水稻品种、性状、栽培方法等。
他对全国各地的水稻品种和性状如数家珍，
这些经历奠定了他一生的研究基础。

在收集稻种的日子里，卢永根和普通农民一样，挽起裤腿，
一步一个脚印地去寻找水稻的祖先——野生稻⑥。
为了寻找野生稻种，卢永根跑遍了广东、海南和江西。
他保存下了丁颖院士生前收集的7000多份稻种，
后来逐渐扩充到10000多份水稻种质资源⑦。

让靠天吃饭的农民生活得以改善，
提高水稻的育种品质，
在水稻遗传育种领域取得突破性进展，
成了卢永根毕生研究的课题。

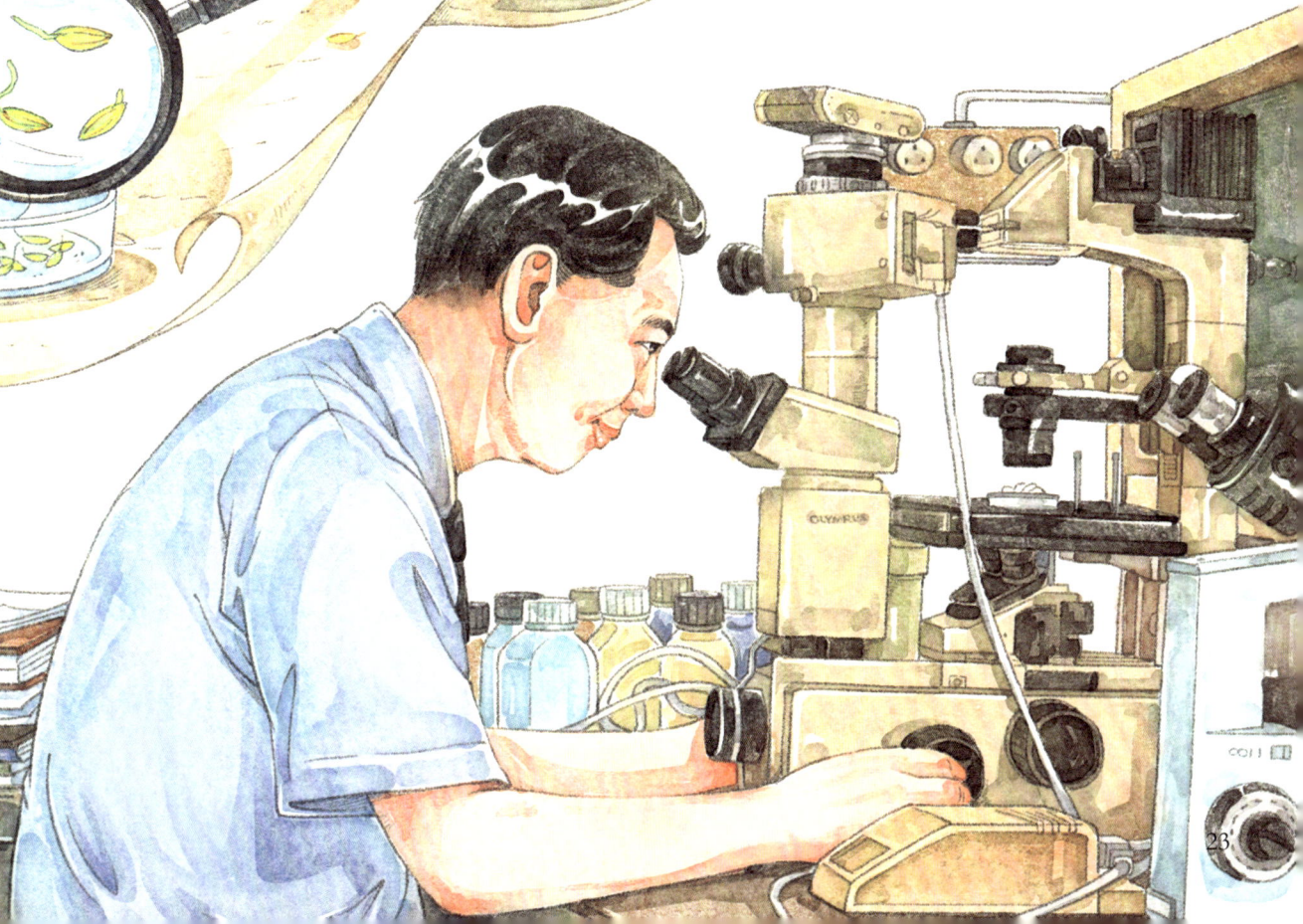

即使在退休以后，
卢永根对水稻的研究热情依然不减。
2001年，年逾古稀的他，
听说广东佛冈一处山顶有野生稻，
立即动身前往。

卢永根不顾年迈体弱，和学生们一起深入峰高水急、荆棘密布、人迹罕至的山中。
卢永根在山中艰难前行，
最后在学生的搀扶下，来到了稻种收集现场。

20世纪80年代，学校经费紧缺，
身为华南农学院院长的卢永根坚持不坐进口汽车，
在住房、电话等待遇上不搞特殊。
卢永根家里的摆设也没有时下流行的用品，
更没有值钱的电器。

卢永根每天几乎最早赶到办公室，到了中午，
他拎着一个铁饭盒去学校食堂和学生们一起排队打饭，
再慢慢地将饭菜吃干净。

和水稻打了一辈子交道的卢永根，
看到那些浪费饭菜的学生总会善意提醒：
"多少棵水稻才能长成一碗米饭？"

卢永根自己生活俭朴，
对待科研和人才却十分大方。
哪怕经费再紧张，需要四处筹集，
他也要大力发展科研和激励人才。

为了打破学校人才断层的局面，
给青年科研人员提供展示自我的空间，
卢永根打破传统，不惧非议，
破格提拔年轻人才。

卢永根积极推荐年轻人去海外深造，
并始终认为，年轻人学有所成后，
一定要报效祖国。

2017年3月，罹患重病的卢永根将毕生积蓄880多万元全部捐赠给华南农业大学，

　　用于奖励品学兼优的贫困学生，嘉奖忠诚于教学科研的教师，

　　资助农业领域国内外著名科学家前来讲学交流。

先粤南为勇俗易
间人献体遗将愿
夏华强医兴振
传古万神精尚高

我是一名捐献遗体的志愿者，我愿在
身后将遗体无偿的捐献给医学科研和医学
教育事业，为振兴祖国医学事业而贡献。

广州市红十字会制

卢永根在知道自己患病后，

就托夫人徐雪宾办理了遗体捐赠的相关事项，

将遗体无偿地捐献给医学科研和医学教育事业。

他说："作为共产党员，捐献遗体是为党和国家

做出自己的最后一次贡献。"

2019年8月，卢永根在广州逝世，享年89岁。

卢永根小传

卢永根，1930年12月出生于香港，祖籍广东花县。卢永根的父亲既接受了中国传统文化的教育又接受了西方现代教育，在香港的一家律师行做高级职员，家境优渥。卢永根兄弟姐妹6人从小就接受了很好的教育。

1941年太平洋战争爆发，香港沦陷，日军在香港街头肆意横行，卢永根目睹了日军在香港的暴行，受到极大的震撼，爱国之情和民族自尊由此觉醒。日军占领香港后，百业凋零，卢永根被送回广东老家避难。在老家的2年多时间中，卢永根加深了对农村的认识，开始乐于亲近农民，进一步了解到农民的困苦，更加同情农民。这段经历既坚定了卢永根的爱国之心，又为他日后从事农业相关研究埋下了一颗小小的种子。

1946年，初中毕业的卢永根在进步老师的推荐下，进入香港培侨中学学习。在培侨中学读书的3年中，是卢永根的人生观、价值观和世界观形成的重要时期，也是从这里开始，卢永根走上了革命的道路。高中期间，卢永根接触到了更多的进步人士、左翼人士和共产党人，了解了共产主义。1947年12月，卢永根瞒着家人和亲友，秘密加入中共地下党的外围组织"新民主主义青年同志会"，不久当选为培侨中学学生自治会主席，积极带领同学们开展爱国民主进步活动。1949年8月9日，卢永根在香港加入了中国共产党。

新中国成立前夕，卢永根服从组织安排，到岭南大学学习，并从事地下工作，迎接广州解放。当时，很多人对时局持观望态度，选择到条件更为优越的香港定居。而卢永根却选择北归，从此扎根广州，将自己的一生贡献给农业科研和教育事业，一心一意地为党的事业奋斗。

1952年，岭南大学与中山大学两校的农学院合并为华南农学院（1984年更名为华南农业大学），卢永根就成了华南农学院农学专业的首届学生。毕业后，卢永根留校担任作物遗传育种学的助教，由此开始了50多年的水稻遗传育种研究工作，自此与作物遗传学研究结下了不解之缘。20世纪80年代初期，卢永根带领团队研究水稻的杂种不育性，并和助手一起提出了克服籼粳亚种间不育性的设想，对水稻育种实践具有指导意义。卢永根将水稻种质资源扩充到1万多份，成为我国水稻种质资源收集、保护、研究和利用的重要宝库之一。

从1983年开始，卢永根连续12年担任华南农业大学校长。这期间，他打破学校面临的人才断层困局，给有能力有作为的年轻人拓展了广阔天地。作为一名老党员、老教师，卢永根以他的一腔爱国之情去教育和感染他的研究生、青年教师和出国学习访问的学者。

2017年3月，重病的卢永根决定将自己及夫人徐雪宾毕生的积蓄880多万元全部捐赠给华南农业大学，成立"卢永根·徐雪宾教育基金"，用于扶持农业教育事业。

作为一名有70年党龄的老科学家，卢永根把自己的命运同祖国的需要联系在一起，把国家和人民的需要作为推动自己工作的动力，为党、为祖国、为我国农业发展做出了卓越贡献。

卢永根年谱

1

1930 年

出生于香港，祖籍广东花县。

3

1941 年
（11 岁）

太平洋战争爆发，香港沦陷，卢永根被送回广州乡下避难。

5

1946 年
（16 岁）

进入进步学校培侨中学接受高中教育。

7

1949 年
（19 岁）

8 月 9 日，卢永根加入中国共产党。新中国成立前夕，在党组织的安排下进入广州私立岭南大学学习，先在医学院就读，后转入农学院。

9

1953 年
（23 岁）

从华南农学院农学系毕业。留校担任作物遗传育种学的助教。

11

1962 年
（32 岁）

进入中国农业科学院工作，担任丁颖院长的秘书、科研助手。

13

1978 年
（48 岁）

主持完成《中国水稻品种的光温生态》一书，该书成为我国水稻育种工作者最重要的参考书。

2

1936 年
（6 岁）

入读香港粤华中学附属小学。

4

1943 年
（13 岁）

卢永根返回香港，进入岭英中学接受初中教育。

6

1947 年
（17 岁）

卢永根秘密加入中共地下党的外围组织"新民主主义青年同志会"，不久当选为培侨中学学生自治会主席。

8

1952 年春
（22 岁）

由于全国学校院系调整，卢永根成为华南农学院的学生。

10

1955—1957 年
（25~27 岁）

卢永根参加教育部委托北京农业大学举办的全国作物遗传育种进修班。在此期间与徐雪宾结婚。

12

1965 年
（35 岁）

回到华南农学院农学系工作。

15

1980—1982 年（50~52 岁）

以公派访问学者身份前往美国加利福尼亚大学戴维斯分校留学。开始带领团队研究水稻的杂种不育性，并和助手一起提出了水稻"特异亲和基因"的概念，以及应用"特异亲和基因"克服籼粳亚种间不育性的设想。

17

1986 年（56 岁）

被批准为全国第三批博士生导师。

19

1994 年（64 岁）

发表一封公开信，力劝海外学子归国，鼓励大家学有所成后要回国为国家做出贡献。

21

2017 年（87 岁）

与夫人徐雪宾将毕生积蓄合计880多万元全部捐赠给华南农业大学，成立"卢永根·徐雪宾教育基金"。

23

2019 年（89 岁）

8月12日4时41分，因病医治无效，在广州逝世。

14

1979 年（49 岁）

担任华南农学院农学系副主任。

16

1983 年（53 岁）

担任华南农学院（1984年更名为华南农业大学）院长，开始了12年的校长生涯。

18

1993 年（63 岁）

当选为中国科学院院士。

20

1998 年（68 岁）

获国家人事部和教育部授予的"全国教育系统劳动模范和全国模范教师"称号。

22

2018 年（88 岁）

当选"感动中国2017年度人物"。

24

2019 年（89 岁）

11月15日中共中央宣传部追授卢永根"时代楷模"称号。

词汇园地

①红满堂：全国首座砖拱建筑，华南农业大学的历史文化符号、标志性建筑，建于1958年。1999年，被列为危楼拆除。2009年10月，华南农业大学百年校庆之际，红满堂在原址上复建。

②太平洋战争：第二次世界大战期间，反法西斯同盟国家在太平洋地区与日本进行的战争。于1941年12月7日开始，1945年8月15日，日本宣布无条件投降。

③花县：现为广东省广州市花都区。

④覆巢之下，焉有完卵：比喻整体遭殃，个体（或部分）也不能保全。

⑤丁颖：1888年11月25日—1964年10月14日，农学家，广东茂名人。中国现代稻作科学主要奠基人。1912年毕业于广东高等师范学校。1924年毕业于日本东京帝国大学（今东京大学）农学部。曾任中国农业科学院首任院长。1955年选聘为中国科学院学部委员（院士）。

⑥野生稻：水稻种质资源天然的基因库，蕴含耐寒、抗虫、耐病、抗干旱、抗草等优良基因，具有较高研究利用价值。

⑦种质资源：又称遗传资源。种质是指生物体亲代传递给子代的遗传物质，它往往存在于特定品种之中。如古老的地方品种、新培育的推广品种、重要的遗传材料以及野生近缘植物，都属于种质资源的范围。

图书在版编目（CIP）数据

识得神州稻谷香：卢永根的故事 / 任福君主编；
王妍著；刘玉卿绘. — 北京：北京出版社，2023.3
（"共和国脊梁"科学家绘本丛书）
ISBN 978-7-200-17233-1

Ⅰ．①识… Ⅱ．①任… ②王… ③刘… Ⅲ．①卢永根
（1930–2019）—传记—少儿读物 Ⅳ．①K826.15

中国版本图书馆CIP数据核字(2022)第121862号

选题策划　李清霞　袁　海
项目负责　刘　迁
责任编辑　李文珂
装帧设计　唐　冉　耿　雯
责任印制　刘文豪
封面设计　黄明科
宣传营销　常歆玮　郑　龙　安天训
　　　　　王　岩　王　尊　李　萌

"共和国脊梁"科学家绘本丛书
识得神州稻谷香
卢永根的故事
SHIDE SHENZHOU DAOGU XIANG

任福君　主编
王　妍　著　刘玉卿　绘

出　　版：北京出版集团
　　　　　北 京 出 版 社
地　　址：北京北三环中路6号
邮　　编：100120
网　　址：www.bph.com.cn
总 发 行：北京出版集团
经　　销：新华书店
印　　刷：北京博海升彩色印刷有限公司
版 印 次：2023年3月第1版　2023年3月第1次印刷
成品尺寸：215毫米×280毫米
印　　张：2.75
字　　数：30千字
书　　号：ISBN 978-7-200-17233-1
定　　价：25.00元

如有印装质量问题，由本社负责调换
质量监督电话：010-58572393
责任编辑电话：010-58572417
团 购 热 线：17701385675
　　　　　　18610320208

声明：为了较为真实地展现科学家生活的时代特征，部分页面有繁体字，特此说明。